Critique relative au Magnétisme animal, à Mesmer, Cagliostro, d'Eslon &c. et applicable au charlatanisme en général, et à la médecine pour notre corps.

Mesmerisme p. 59

SPATANTIGARUDE.

SPATANTIGARUDE,

VIEUX CONTE NOUVEAU.

A LONDRES,

Et se trouve A PARIS,

Chez CAILLEAU, Libraire-Imprimeur, rue Galande, N°. 64.

M. DCC. LXXXV.

SPATANTIGARUDE, VIEUX CONTE NOUVEAU.

MON nom eſt SPATANTIGARUDE; ma naiſſance, qui eſt des plus communes, reſſemble à beaucoup d'autres.

Pareſſeux, menteur, bavard & gourmand; ſi mon amour-propre murmure de cet aveu, il aura ſa revanche dans la ſuite.

A l'âge de ſeize ans, me voyant à charge à des parens pauvres, je ſongeai à me choiſir un état qui convînt à mes penchans, & je prouvai, en me faiſant laquais, que mon diſcernement avoit déjà beaucoup de juſteſſe: j'entrai donc au ſervice d'un fameux Médecin Suédois.

Monſieur *Ubarreou* étoit un grave perſonnage

qui joignoit à un ton ſentencieux & déciſif une robe impoſante qui lui attiroit la confiance générale : on ne parloit que de ſes prodiges.

Un grand nombre d'héritiers & de maris qui s'en étoient bien trouvés, ne ceſſoient de vanter ſa profonde ſcience, & la Ville retentiſſoit de ſes éloges.

Fier de ſervir un homme ſi vanté, je devins inſolent ; c'étoit prendre le ton des laquais de grands Seigneurs, & le Docteur ne m'en fit point de reproches.

Il ne me manquoit plus, pour faire un ſujet accompli, que d'être ivrogne & libertin : j'aurois ajouté ſans effort ces qualités à celles que je poſſédois déjà, ſi je ne m'étois mis en tête de faire fortune. Fortune ! Ce mot flattoit agréablement mon oreille.

Occupé de cette idée, je m'appliquai à obſerver mon maître, j'étudiois ſon langage, je tâchois d'affecter ſon maintien ; mais ſa ſcience, me diſois-je ! qui me l'apprendra ? Il avoit beaucoup de livres qu'il ne liſoit jamais ; eſpérant trouver quelques lumières j'en ouvris pluſieurs où je ne compris rien.

Etant un jour dans la garderobe, je vis

entrer un jeune Chirurgien dans l'appartement qui dit à Monſieur *Ubarreou* : eſt-il vrai, Monſieur le Docteur, que vous avez ordonné la ſaignée à Monſieur Salmek ?—Sans doute. — Mais, Monſieur, c'eſt le tuer. — Monſieur, votre devoir eſt de ſuivre mes ordonnances, & non pas de me donner des conſeils. —Ce n'eſt point, Monſieur le Docteur, un conſeil que je prétends vous donner, je voudrois ſeulement vous repréſenter que la ſaignée eſt abſolument contraire à l'épuiſement & à l'indigeſtion. — Et qui vous a dit que la maladie de Monſieur Salmek provenoit d'un épuiſement & d'une indigeſtion ? —Tout le prouve ſi bien, Monſieur, qu'il ne ſeroit pas encore poſſible d'en douter quand les aveux même de Monſieur Salmek ne ſeroient pas auſſi conformes qu'ils le ſont à ſon état. — Laiſſez-là vos obſervations, ce n'eſt pas votre métier ; faites ce que je vous dis, ou je vous déclare un ignorant ; ſongez que votre réputation, votre ſort dépendent de moi, je ferai l'un & l'autre, mais quand j'ordonne il faut exécuter ſans réplique. —Je ſais, Monſieur le Docteur, que vous pouvez me perdre, mais j'aime mieux en courir la danger que d'avoir à me reprocher que j'ai contribué à la mort d'un honnête homme. — Allez, Monſieur, vous ne méritez pas ce que je voulois faire pour vous, je vous conſeil le d'écouter vos ſcrupules, je doute pourtant qu'ils vous enrichiſſent. —Monſieur, il eſt fâcheux.... —Oui, Monſieur, il eſt fâcheux que vous ayez une mauvaiſe tête, mais comme ce n'eſt pas ma faute, ce ne ſera pas moi non plus qui vous plaindra quand vous en ſentirez les effets. Adieu, Monſieur.

Le jeune homme ſortit; mon Maître, que je voyois à travers la porte vitrée, avoit l'air fort mécontent; après s'être promené à grands pas, il ſonna; ne voulant point qu'il ſçut que j'avois entendu ſa converſation, je ſortis de la garderobe par l'eſcalier dérobé, & fis le tour pour entrer dans ſa chambre; il me donna une carte qu'il me chargea de porter à un autre Chirurgien; celui-ci me dit en la recevant qu'il couroit exécuter les ordres de Monſieur le Docteur.

Je ne ſavois plus que penſer de mon Maître & de ſa ſcience; perſuadé cependant de ſa capacité il me ſembla que le jeune Chirurgien devoit avoir tort; mais je changeai d'opinion le ſurlendemain, quand un domeſtique de Madame Salmek vint demander Monſieur le Doɛteur *Ubarreou* ; je lui répondis qu'il étoit ſorti. — Tenez, me dit-il, en pleurant, quand il reviendra, vous lui donnerez ce petit paquet ? — Qu'avez-vous donc pour être ſi triſte ? — J'en ai bien ſujet, je viens de perdre le meilleur des maîtres. — Quoi ! Monſieur Salmek eſt mort ? — Hélas oui, hier à neuf heures du ſoir. — Et de quel part venez-vous ? — De la part de ma Maitreſſe qui doit bien ſe repentir à préſent d'avoir tant cauſé de chagrins à un ſi bon mari.

Impatient de ſavoir ce que pouvoit renfermer le paquet qui étoit fort lourd, je montai dans ma chambre, & cédant à ma curioſité, je l'ouvris ; c'étoit une ſuperbe boîte d'or toute remplie de ducats.

Oh ! dis-je, pour le coup ce n'eſt pas l'habileté de mon Maître qui lui vaut ce préſent ; Monſieur Salmek eſt mort, & le voilà auſſi graſſement payé que s'il eût reſſuſcité un Prince. Je commence à croire que tout eſt calcul dans le monde, l'impunité dépend du ton qu'on prend, celui du Doɛteur eſt ſi imposant que personne n'ose blâmer ses sottises ; mais s'il n'est question que de sottises pour s'enrichir, il me semble que j'en pourrois faire aussi bien qu'un autre. Oui, mais pour qu'elles nous mènent à la fortune, il leur faut un entourage & des circonstances dont un homme adroit sait tirer avantage.

Mais à propos d'adresse, si je commençois à essayer la mienne ? L'occasion est favorables, ces beaux ducats m'appartiennent aussi légitimement qu'à mon maître ; si je n'ai pas fait de bien à Monsieur Salmek, je ne lui ai au moins pas fait de mal. J'en mis tranquillement quinze dans ma poche, je refis le paquet, & le remis au Docteur, qui le prit en souriant.

Quelques tems après cette aventure je fus fort étonné de voir vendre un gros livre dont le Docteur *Ubarreou* étoit l'Auteur; c'étoit un savant Traité de Médecine qui achevoit de le déifier : on lui en faisoit compliment, de toute part, en portant aux nues son prodigieux savoir.

Je ne pouvois pas comprendre quand & comment il avoit pu faire ce volumineux ouvrage ; il y avoit quatre ans que j'étois à son service, & jamais je ne l'avois vu écrire ;

pourtant le livre ſe débitoit, tout le monde s'empreſſoit de l'acheter; on n'en parloit qu'avec enthouſiaſme, on ne nommoit plus ſon Auteur que le grand *Ubarreou* ; tout cela me paroiſſoit une énigme incompréhenſible.

Rangeant un jour dans ſon cabinet, je trouvai une lettre qui m'éclaircit enfin le myſtère; voici ce qu'elle contenoit :

« Puiſque vous deſirez, Monſieur, acqué-
» rir le Traité de Médecine manuſcrit que
» j'ai trouvé dans les papiers de feu mon
» oncle, je ſuis prêt à vous le remettre
» moyennant quatre cens ducats; ſi ma pro-
» poſition vous convient, faites-moi paſſer
» cette ſomme, & vous le recevrez ſans
» délai, avec la promeſſe de garder le plus
» profond ſecret ſur le nom de ſon Auteur.
» J'ai l'honneur d'être, &c. »

Quoi, dis-je, après avoir lu, on achète ainſi de la célébrité! Mais cela eſt fort commode. Mon Maître a donné quatre cens ducats pour ce fameux manuſcrit, c'eſt de l'argent placé au plus haut intérêt; outre la gloire qui lui en revient, l'or pleut chez lui plus que jamais : on l'accable de préſens conſidérables; oh! ſi je pouvois un jour.... que ſait-on ? .... Allons, je ſuis en bonne école il en faut profiter.

J'obſervai le Doctеur avec une nouvelle attention, & je vis clairement que tout ſon mérite, toute ſa ſcience conſiſtoit dans le jargon qu'il s'étoit fait, & que ſon impudence accréditoit.

Pour ne point oublier les termes dont il ſe ſervoit, j'en fis un recueil que j'étudiois ſans ceſſe, tâchant d'y joindre ces intonations heureuſes qui ont l'art de perſuader.

Quand je crus avoir fait quelques progrès, j'eſſayai devant mes camarades mon *ſcientifique* langage. Leur admiration me fit dès-lors eſpérer que je parviendrois un jour à en impoſer à de plus habiles qu'eux.

J'avois fait la connoiſſance d'une femme-de-chambre nommée Natouska; c'étoit une fille vive, entreprenante, & non moins ambitieuſe que moi; j'en devins fort amoureux; voyant qu'elle partageoit ma tendreſſe je n'héſitai pas de lui confier mes projets; elle en fut enchantée, m'offrit avec tranſport d'aſſocier ſon ſort au mien, & de ſeconder toutes mes entrepriſes; ravi de ſa propoſition, je l'acceptai avec un extrême plaiſir;

étant parfaitement d'accord, il ne s'agissoit plus que de délibérer sur le parti que nous devions prendre; après quelques réflexions, il fut arrêté que nous débuterions par un gros Bourg qui étoit distant de quinze lieues, & que je m'y annoncerois pour un fameux Empirique.

Depuis cinq ans que j'étois chez Monsieur *Ubarreou*, j'avois économisé deux cens ducats, ma Maitresse en avoit environ cent; cette somme nous parut plus que suffisante pour commencer notre glorieuse carrière.

Nous demandons chacun notre congé, & nous passons un mois dans une chambre pour y faire nos préparatifs, qui consistoient en un grand nombre de phioles remplies d'un Elixir miraculeux : en voici la composition.

Je fis bouillir toutes sortes d'herbes aromatiques avec de l'eau & du vin, & pour que son effet fut assuré, j'y ajoutai de l'émétique; je joignis à cela force paquets d'une poudre admirable, c'étoit de la cendre fine, mêlée avec de la suie bien tamisée.

Muni de cette panacée, j'endosse une vieille robe que m'avoit autrefois donné le Docteur;

j'achette une voiture, & nous volons à la fortune ſur les aîles de l'Amour.

Arrivés au Bourg, je préſente au Juge une grande pancarte que j'avois fait fabriquer ; elle contenoit les détails & l'éloge de mes rares ſecrets ; j'ajoutai à cet écrit triomphant un énorme paquet de certificats qui atteſtoient des prodiges ſans nombres, opérés par ma profonde ſcience.

Il n'en falut pas davantage pour m'attirer un monde prodigieux ; l'ample proviſion que j'avois fait d'Elixir & de Poudres fut bientôt débitée ; mais la compoſition étant facile, je ne fus point embarraſſé.

Le prompt effet que produiſoit mon élixir me fit regarder comme un homme incomparable ; en quinze jours de temps il nous reſtoit cent cinquante ducats de gain, toutes nos dépenſes payées ; c'étoit un beau commencement. Nous ſuivons notre route de petites Villes en petites Villes & de Bourg en Bourg : la fortune nous favoriſoit partout.

Enhardis par nos ſuccès, nous riſquons enfin d'aller dans une ville plus conſidérable, le bonheur nous y ſuit de même; nous avons ſeulement la ſage précaution de n'y pas reſter long-temps, dans la crainte de quelques revers.

Nous avions gagné plus de mille ducats en quatre mois, & nous ne ceſſions de nous applaudir du parti que nous avions pris.

Mais, le croira-t-on, un maudit village, dans lequel nous nous arrêtons, détruiſit notre bonheur.

La femme du Seigneur avoit fait une chûte aſſez conſidérable; le mari allarmé vient me demander ſi je pourrois la guérir? Je lui répondis effrontément que le doute étoit une offenſe, que je garantiſſois le parfait rétabliſſement de *Madame;* pour tenir parole, je lui donnai une malheureuſe phiole d'élixir, ordonnant qu'on la lui faſſe prendre en deux doſes. Hélas! la ſeconde ne fut pas néceſſaire; ſi-tôt qu'elle eût avalé la premiere, elle tomba dans des convulſions horribles, & en moins de deux heures elle expira.

Le mari deſeſpéré nous fait arrêter & conduire en priſon.

Pour achever notre perte, un vieux reître d'Apothicaire retiré dans le village, vivant dans un petit bien qui lui appartenoit, s'aviſa d'examiner de près l'élixir & les poudres ; le fatal émétique qui m'avoit valu tant d'argent & d'éloges fut blâmé avec tant d'animoſité, qu'on convint de me faire mon procès comme empoiſonneur.

Je reſtai ſix mois chargé de fers dans un affreux cachot, tremblant ſans ceſſe pour ma vie.

Je ſubis pluſieurs interrogatoires où j'avouai la verité, proteſtant que mon deſſein avoit été ſeulement de gagner de l'argent & non pas de tuer ceux qui prendroient de mes drogues, que je ne croyois pas plus nuiſibles que ſalutaires.

On prononça enfin un Arrêt dont on me vanta la douceur, puiſque j'en étois quitte pour avoir la baſtonnade pendant trois jours & banni à perpétuité.

Je ſubis cette Sentence (*a*) & partis ſans voir Natouska, qu'on me dit être condamnée à reſter deux ans dans une maiſon de force.

Mon amour pour elle n'ayant pas été aſſez robuſte pour ſe ſoutenir au milieu des fers, je fus peu ſenſible à ſa perte.

(*a*) C'étoit avoir les licences de Scagnarelle.

Si l'on m'eût rendu mon argent, j'aurois pu prendre mon mal en patience ; mais deux florins qu'on me donna par charité, & un mauvais habit qui me couvroit à peine, étoit toute ma richesse.

J'avois déjà fait plus de cinquante lieues en demandant l'aumône, sans trouver le moyen de sortir de ma profonde misère, lorsqu'un jour m'étant égaré, je suivis un sentier bien frayé, espérant qu'il me meneroit dans quelqu'endroit habité ; après avoir marché un quart-d'heure, je me trouvai dans un bois fort épais, j'y poursuivis mon chemin, qui me conduisit à la porte d'une espèce d'habitation, qui avoit plutôt l'air d'un antre que d'un bâtiment logeable.

Je l'examinois, peu tenté d'y entrer, quand j'en vis sortir un vieillard étrangement habillé ; une longue robe couleur de feu garnie de peaux d'ours, une large ceinture bleue, sur laquelle étoient peintes différentes figures, un bonnet aurore entouré de caractères hiéroglyphiques, & une grande barbe blanche rendoit tout à la fois cet homme & vénérable & effrayant.

Il me demanda où j'allois ?— Je n'en sçais

rien, lui dis-je ! Vous voyez un malheureux accablé de misère, qui suit la route que le hasard lui indique. — Si vous avez, dit-il, besoin de vous rafraîchir, entrez & venez manger un morceau. — Je le suivis ; il me conduisit dans une petite chambre fort propre, mit sur une table une tranche de jambon, un pâté, du pain & du vin. — Je dévorois. — Il me semble, me dit le vieillard, que vous avez appétit, & que vous mangez avec plaisir. — Il est vrai qu'il y a bien long-temps que je n'ai fait un si bon repas. — Mais quel fâcheux événement vous a réduit dans l'état où vous êtes ? — Ah ! l'ambition m'a perdue. — Elle en perd bien d'autres ; mais poursuivez. — Que vous dirai-je ! je voulois m'enrichir ; & je sens d'autant plus vivement mon affreuse situation, que la fortune avoit commencé par me favoriser. — On éprouve quelquefois de fâcheux revers, mais le courage & le temps souvent réparent tout. Ne vous reste-t-il aucunes espérances ? — Aucunes. — Ayez, poursuivit-il, de la confiance en moi, vous n'en serez pas fâché ; mais parlez sans détour ; si vous me dites l'exacte vérité, je pourrai peut-

être

être vous être utile. — Vous allez tout sçavoir ; si mon récit détruit votre bonne volonté, vous rendrez au moins justice à ma sincérité. Je fis le détail de tout ce qui m'étoit arrivé depuis mon entrée chez le Docteur, jusqu'au moment où je parlois.

Quand j'eus fini, le vieillard me répondit en riant : vous avez été arrêté en beau chemin, c'est dommage, on ne peut avoir plus de dispositions ; mais il faut essuyer des échecs, ce sont eux qui servent de dégrés pour conduire à la grande science de la Charlatannerie, qui consiste à duper le Public impunément, & l'on n'y parvient pas du premier coup. — Comme il finissoit de parler, j'entendis une sonnette ; le vieillard fut ouvrir & rentra avec un homme d'environ quarante-cinq ans, qui lui remit une lettre ; la joie brilloit dans les yeux du vieillard en la lisant. — Quand il l'eût achevée, Grégoire, dit-il, mon frere arrive demain, & voici justement un homme qui pourra me succéder avec avantage ; il m'a conté son histoire, & la place que j'occupe lui convient infiniment mieux qu'à moi. Mais, poursuivit-il, comment vous nommez-vous ?

— *Spatantigarude.* — *Spatantigarude !* Puis après avoir réfléchi un moment, il répéta : *Spatantigarude !* Ce nom eſt heureux & convient à merveille, il ſemble même que la nature ait été prévoyante en vous en gratifiant ; mais, Grégoire, commence par tout diſpoſer pour mon départ, demain tu inſtruiras *Spatantigarude.*

Je brûlois de ſçavoir à quoi devoit tendre ce que je voyois & ce que j'entendois ; je formai mille conjectures & ne pouvois m'arrêter à aucunes. Quand la nuit fut venue, on me donna une chambre & un bon lit, mais mon impatiente curioſité ne me permît pas de dormir ; je me levai de grand matin. Grégoire vient me propoſer de déjeûner. — Volontiers, lui dis-je, mais vous ſçavez l'emploi que l'on me deſtine, & vous me feriez grand plaiſir de m'en inſtruire. Il jetta un grand éclat de rire, & me répondit : nous avons le temps, déjeûnons toujours ; je n'oſai point inſiſter. Le vieillard qui parut étoit d'une gaieté charmante, & me fit beaucoup de plaiſanteries ſur mon nom, dans lequel il prétendoit que ma deſtinée étoit écrite ; ne comprenant rien à ce que j'entendois, je n'oſois haſarder ni réponſes, ni queſtion. Le vieillard qui s'amuſoit de mon embarras, voulant encore l'augmenter, dit à Grégoire de me faire voir le Temple des Aſtres; je ſuivis Grégoire, qui mit le comble à mon étonnement en me faiſant paſſer ſous une longue voûte, à laquelle aboutiſſoit une grande rotonde qui s'élevoit en dôme; le jour n'y entroit que par une ouverture également ronde qui étoit au milieu du haut ſur les murs, qui étoient d'un bleu clair; on voyoit les douze ſignes du Zodiaque d'un côté, de l'autre étoit le Soleil, la Lune & les Etoiles : il y avoit dans le fond une petite porte ſur laquelle le deſtin étoit repréſenté, entouré de Hiéroglyphes. — Eh bien, me dit Grégoire, que penſez-vous de ceci? — Ma ſurpriſe eſt extrême, il ne tiendra qu'à vous de la faire ceſſer. — Oh! vous êtes bien preſſé, la journée eſt encore longue, ce ne ſera pas payer trop cher le ſort qui vous attend que de l'acheter d'un peu de patience. — Dès que le vieillard me vit, il me demanda comment je trouvois ce que l'on m'avoit montré? — Comme j'en ignore l'uſage, je n'en peux rien dire. — Eh bien, je m'en vais vous l'apprendre; c'eſt un palais où les *Spatantugarude* ſont révérés. — Je ne vous entends point. — On vous l'expliquera mieux dans un autre moment, me dit-il en riant aux éclats.

Vers les onze heures on frappa à la porte; Grégoire fut ouvrir; je vois un Cavalier de bonne mine entrer avec empreſſement; le vieillard ſe précipita dans ſes bras, l'appellant ſon cher frère; l'Étranger qui répondit ſes careſſes avec tranſport s'écria : vous aviez bien raiſon de m'écrire que vous étiez en ſûreté ſous votre déguiſement; ſi mon amitié ne vous eût pas mieux reconnu que mes yeux, je me ſerois refuſé (quoique bien prévenu) à vos embraſſemens; vous reſſemblez mieux à mon biſaïeul qu'à mon cher C....

J'étois bien aiſe, reprit le vieillard, de vous faire juger ſi en effet j'étois bien déguiſé; mais il eſt tems que votre frère remplace le biſaïeul; à ces mots il arrache ſa barbe, jette les ſourcils, le bonnet & la robe qui cachoient un homme de trente-cinq à trente-ſix ans, d'une taille & d'une figure auſſi noble qu'intéreſſante; le Cavalier lui ſauta de nouveau au col, proteſtant qu'il étoit embelli depuis qu'il ne l'avoit vu.

J'étois immobile d'étonnement, cette ſubite métamorphoſe me ſembloit un rêve.

M'étant un peu remis; j'aidai Grégoige avec autant d'adreſſe que de zèle pour préparer aux deux frères un dîné qui fut fort délicat; quand il fut deſſervi, l'ex-vieillard nous dit: vous pouvez reſter, mon frère me demande le détail de ce qui m'eſt arrivé, que je ne lui ai écrit qu'imparfaitement, je je vais le ſatisfaire, & vous trouverez, *Spatantugarude*, dans ce que j'ai à dire, l'explication de ce que vous deſirez ſavoir.

Quoique vous fuſſiez en Ruſſie, mon cher frère, quand je me mis à la tête des troupes qu'on qualifioit en Pologne du nom de rebelles; vous n'avez pas ignoré combien mon parti étoit puiſſant, puiſque nous avons attaqué & repouſſé nos adverſaires pendant un an entier; je me flattois même de la victoire, quand je donnai dans une embuſcade; enveloppés par nos ennemis, une grande partie des miens fut taillée en pièces; on chargea de fers les plus malheureux, il ne s'en ſauva qu'un très-petit nombre; ne doutant point du ſort qu'on me deſtinoit ſi l'on eû put me prendre ; j'y échappai en coupant à travers les montagnes ; perſuadé qu'on me cherchoit avec ſoin , je n'oſois approcher d'aucunes habitations ; je traverſai les forêts pendant onze jours , ne vivant que de racines & de fruits ſauvages.

Exténué de fatigues & de faim , je haſardai d'aller à une ferme où je demandai à manger. — Volontiers , me dit un Payſan qui en étoit le maître , je vais vous donner du pain , du lait & du fromage. —Je lui demandai ce qu'on diſoit de la victoire remportée ſur les rebelles? — Mais à votre habit , me dit-il , je vous crois Militaire , & même Tambour-Major , avec tous vos galons ; comment donc pouvez-vous ignorer qu'on en a beaucoup exécuté ; mais on a manqué le Chef , & c'étoit juſtement celui qu'on vouloit avoir. — Il eſt très-poſſible qu'on le retrouve. — On le trouvera certainement , puiſqu'il y a mille piſtoles pour celui qui pourra le découvrir. —Je n'avois pas une goutte de ſang dans les veines , mais faiſant bonne contenance. — Mille piſtoles , repris-je ! c'eſt une belle ſomme ; je voudrois pouvoir la gagner. — Ma foi , pas moi, dit le bon Payſan, Monſieur C.... a été malheureux ; & ſi la victoire ſe fut déclarée en ſa faveur, on verroit ceux qui crient contre lui à ſes genoux. Eh bien ! parce qu'elle lui a tourné le dos, faut-il le faire pendre ? — Je ne blâme point votre humanité, mais convenez du moins que dans la circonſtance actuelle il faut être riche pour lui ſacrifier une ſomme qui ſeroit une fortune pour des gens comme nous. — Bon ! on eſt toujours aſſez riche quand on ſait ſe contenter de peu ; ma famille & moi avons le néceſſaire, ſerois-je plus heureux ſi je me procurois un ſuperflu qui ſeroit arroſé du ſang d'un homme qui ne m'a jamais fait de mal ? — Mais s'il ne vous en a point fait, il peut en avoir fait à bien d'autres. — *En avoir fait à bien d'autres* ! La belle raiſon, & ceux qui le pourſuivent n'en ont-ils fait à perſonne ? Tenez, tout cela a été repréſailles & chance. — C'eſt donc à dire que ſi Monſieur C.... étoit chez vous, vous lui donneriez un aſyle. — Diable, je m'en garderois bien. — Convenez-en, vous le feriez arrêter ? — Ni l'un, ni l'autre ; je ſerois un malhonnête homme ſi je le ſacrifiois à la ſomme qui eſt promiſe, mais auſſi je ſerois un ſot ſi je m'expoſois au danger. — Et quel danger? — C'eſt qu'il eſt dit que ſi quelqu'un lui donne une retraite, il ſera déclaré coupable, & qu'on lui fera ſon procès; & pour éviter cela, je le mettrois bien vîte à la porte, toutefois ſans groſſièreté; c'eſt un grand Seigneur, & je ne voudrois pas lui manquer de reſpect. — Ah! brave & honnête homme, je remets mon ſort entre vos mains, je ſuis le malheureux C.... Vous voyez avec quel acharnement on veut ma tête; votre maiſon eſt la première que j'ai oſé approcher depuis le jour terrible de ma défaite; mourant de faim dans les forêts, j'ai haſardé de venir vous demander du pain; vous ne m'en avez pas refuſé, ne me refuſez pas non plus un mauvais habit, vous voyez combien celui-ci m'expoſe? — Qu'à cela ne tienne; tenez, prenez le mien; il vous ſera un peu large, mais il faut excuſer, je ne l'avois pas fait faire pour vous. — Généreux mortel, puiſſé-je être un jour aſſez heureux pour reconnoître le ſervice que vous me rendez; j'eſpère que le tems diſſipera l'orage qui gronde ſur ma tête. — Je le ſouhaite de tout mon cœur, & ce n'eſt point par intérêt; mais pas tant de raiſons, habillez-vous vîte, & partez ; ſi vous n'avez pas d'argent je puis vous donner quelques florins ſans me faire tort. — Je vous en remercie ; j'ai environ cent ducats dans ma bourſe, & vous-même me feriez grand plaiſir d'en accepter le partage. — Gardez vos ducats, vous n'en aurez peut-être pas de trop ; il me dit ſon nom & le nom de l'endroit où j'étois que j'ignorois abſolument ; je l'embraſſai, & partis autant pénétré d'admiration que de reconnoiſſance.

Je continuai à marcher, évitant toujours les grands chemins. — Le troiſieme jour il pleuvoit à flots, quand je me trouvai ſur le ſoir à l'entrée de ce bois ; je pris le ſentier eſpérant qu'il me conduiroit dans quelque maiſon où je trouverois un couvert pour paſſer la nuit ; après l'avoir ſuivi quelque temps, j'arrivai à cette demeure que je pus à peine diſtinguer tant il faiſoit ſombre ; je frappai, un vieillard habillé comme vous m'avez vu en arrivant, vint m'ouvrir ; je lui dis qu'étant égaré, je le priois de me permettre de paſſer la nuit dans un coin de ſon logis. — Il me demanda d'où je venois ? Ne ſçachant le nom d'aucuns villages des environs, je reſtai muet. — Puiſque vous ne pouvez pas me dire d'où vous venez, ſerois-je bien prudent de vous accorder une retraite ? — Vous ne riſquez rien, je ſuis incapable de vous nuire ; vous voyez le temps qu'il fait, ne refuſez pas un abri à un homme bien malheureux à la vérité, mais point du tout coupable. — Entrez donc, je veux bien m'en fier à votre parole ; il me fit donner, par Grégoire que vous voyez, du pain, du vin & un morceau de veau froid. — Vous paroiſſez exténué, pourſuivit le vieillard, & comment ſe peut-il qu'un homme de votre âge & de votre force ſoit réduit dans cet état ? — Sentant la néceſſité de bâtir une hiſtoire pour me tirer d'embarras, je lui dis : deux mots vont vous l'apprendre. Je ne ſuis point ce que je parois ; né dans une claſſe au-deſſus du commun, j'ai eu le malheur de tuer, à mon corps défendant, un homme d'un rang très-diſtingué, je n'ai eu que le temps de fuir ſous ce déguiſement ; une famille puiſſante me pourſuit, & fait faire les plus terribles perquiſitions pour pouvoir me ſacrifier à ſa vengeance ; vous le voyez, il y va de ma vie ; auſſi je n'ai oſé ſuivre aucunes routes, ni approcher d'aucunes habitations : je ne manque point d'argent, & pourtant la misère m'accable. Eh bien ! me dit le vieillard, vous pouvez rester ici autant de temps que vous le jugerez à propos, bien certain qu'il n'est pas d'endroits au monde où vous puissiez être en plus grande sûreté.

Je remerciai le bon vieillard, qui ajouta, avec gaieté, ah çà il ne faut plus avoir de chagrins, buvez seulement un coup & mangez un morceau pour vous rafraîchir, dans une heure nous souperons ensemble.

Je me sentis en effet beaucoup plus calme, & sa conversation acheva de me tranquilliser ; rien de plus agréable & de plus consolant que ses discours ; le plaisir que j'avois à l'entendre me faisoit oublier ce que j'avois souffert.

Quand Grégoire rentra pour mettre le couvert ; vous voyez, me dit mon hôte, ce garçon, c'est moi qui l'ai élevé ; autant mon ami que mon domestique, il a toujours mangé avec moi ; ne soyez pas offensé si je vous prie de permettre qu'il y mange encore. — Je serois bien fâché, lui dis-je, de vous faire changer quelque choſe à votre façon de vivre, que je crois auſſi bonne que ſage.

Notre ſouper fut très-agréable; le vieillard étoit d'une gaieté charmante, & qui avoit ſi bien l'art de ſe communiquer, qu'elle fit évanouir toute ma triſteſſe.

Au ſortir de table il me conduiſit dans une chambre commode, où je goûtai enfin les douceurs d'un ſommeil tranquille.

Le lendemain matin ce bienfaiſant vieillard m'apporta du linge blanc; Grégoire le ſuivoit avec du chocolat. Il me ſemble, dit-il, que vous n'avez pas mal paſſé la nuit; allons, il faut déjeûner, cela achevera de vous remettre, & quand vous ſerez habillé, nous irons faire un tour de promenade; le temps eſt beau aujourd'hui, il faut en profiter.

J'étois enchanté de l'affectueuſe bonté de cet aimable vieillard; ſur les neuf heures je ſortis avec lui, & fus fort étonné qu'une maiſon auſſi commode ne préſentât à l'extérieur que des murs groſſiers, qui la rendoient plus ſemblable à la tanniere d'un ours qu'à la demeure d'un homme; ces vieux chênes qui l'entourent & dont les branches la couvrent, lui donne, comme vous voyez, un air ténébreux, que je ne pouvois accorder avec l'affabilité & l'enjouement du vieillard; il me fit paſſer à travers deux ou trois grands buiſſons qui déroboient la vue d'un petit ſentier, qui nous conduiſit, après y avoir marché cinquante pas, dans un vaſte & charmant boſquet; rien de plus agréable que cet endroit: vous en jugerez, mon frere, vous verrez comme l'art y embellit la nature, ſans la gêner.

J'avois la plus grande curioſité d'apprendre le motif de tant de bizarreries, ajoutez-y ſon étrange habillement, je ne ſçavois que penſer.

Après nous être promenés deux heures, nous revînmes au logis, où il combla mon étonnement en me conduiſant dans la rotonde (vous ne vous attendez pas, mon frere, à cette piece curieuſe) à laquelle j'ai conſervé le nom de Temple des Aſtres que ſon Architecte lui donnoit : tout ceci, dit-il, paroît vous ſurprendre, je parie que vous brûlez d'envie de ſçavoir où vous êtes, qui je ſuis, & la raiſon de tous ces ſinguliers arrangements. — Il eſt vrai, repris-je, que je ne puis rien concevoir à tout ce que je vois. — Vous le concevrez facilement, quand je vous aurai dit que depuis cinquante ans je ne ſuis point ſorti de ce bois où je prédis l'avenir ; ma réputation, dans l'Aſtrologie judiciaire, eſt fort étendue, on ne me connoît pas d'autre nom que celui *de l'Aſtrologue* ou *du Prophête du bois* ; mais croyez que ma ſcience, qu'on regarde comme infaillible, perdroit bien de ſon crédit, ſi elle étoit dépouillée de tous les acceſſoires qui vous ont ſurpris. Rien ne me manque ici, j'y jouis avec abondance de toutes les choſes néceſſaires & agréables que je peux déſirer ; j'aime la retraite, je l'ai choiſi par goût ; ma façon de vivre n'a pourtant rien d'auſtere, & j'eſpere que vous vous y accoutumerez. — Quoi, m'écriai-je, vous connoiſſez l'avenir ! — Oh ! ceci mérite une explication, & je vais vous parler avec franchiſe.

Je me ſuis très-ſérieuſement occupé pendant plus de 12 ans de l'Aſtrologie judiciaire ; je paſſois les jours & les nuits à étudier cette chimérique ſcience ; perſuadé de ſa réalité, j'ai tout employé pour l'approfondir ; le ſeul fruit que j'ai recueilli de mes dépenſes, & de mes longs travaux a été d'en connoître l'erreur; quand je me ſuis retiré ici j'étois encore dans la bonne-foi; toujours attaché à mes calculs que je croyois infaillibles, car il me ſembloit impoſſible que le deſtin oſât manquer de parole aux principes ſur leſquels ma ſcience ſe fondoit; l'expérience m'a pleinement détrompé, & m'a convaincu que tous ceux qui ont été célèbres dans cette occulte folie, n'étoient autre choſe que des fourbes qui avoient ſçu tirer parti de la ridicule curioſité des Peuples toujours avides du merveilleux; enfin, que vous dirai-je, je m'étois ſequeſtré ici pour pouvoir me livrer tout en entier à mon enthouſiaſme; mais ne doutant plus de ſon extravagance, j'ai ſenti la néceſſité de la faire ſervir à réparer les dépenſes qu'elle m'avoit occaſionnées; en effet, j'y avois ſacrifié preſque toute ma fortune qui étoit aſſez honnête; le peu qui m'en reſtoit, a été employée à arranger cette habitation comme vous la voyez.

Auſſi adroit que mes prédéceſſeurs, je n'ai rien oublié de tout ce qui peut ſervir à en impoſer à l'ignorante crédulité; regardez ce temple, ne ſemble-t-il pas que les rayons du Soleil ſe réuniſſent tous dans le cercle qui eſt au faîte, & qui ſert à l'éclairer ? Ils s'y raſſemblent en effet par un moyen fort ſimple ; c'eſt un ſeul verre convexe qui en remplit la circonférence ; ces rayons qui tombent enſuite perpendiculairement, réfléchiſſent en ſe diſperſant dans l'étendue du bas, cette lumière myſtérieuſe qui vous a d'abord frappé. Voyez à préſent vis-à-vis les douze ſignes du Zodiaque. Ces douze étoiles, dont chacune eſt diamétralement oppoſée, a un ſigne. Quand on vient me conſulter, on me dit ſous quelle conſtellation on eſt né ; ſuppoſons que ce ſoit le Bélier : (tenez, faites-en vous-même l'eſſai.) Allez poſer votre main ſur l'étoile qui lui eſt oppoſée. A peine m'en étais-je approché, qu'une vive lumière partit du dôme, & vînt ſe repoſer ſur le ſigne qui étoit cenſé avoir préſidé à ma naiſſance. — Expliquez-moi ce prodige, dis-je au vieillard. — Rien de plus aiſé : pour toucher l'étoile, il faut néceſſairement que vous mettiez le pied ſur le pavé, votre poids détend un reſſort, au moyen duquel une très-petite glace, paſſée dans le dôme, ſe découvre, & produit l'effet l'effet du miroir ardent ſur le ſigne qui en reçoit le reflet. Suivez, ſi vous voulez, toutes les autres, il en arrivera autant, & pour que cet effet ſoit immanquable, je ne rends mes oracles que depuis onze heures juſqu'à deux, encore faut-il que le Ciel ſoit ſans nuages. — Mais l'accompliſſement des prédictions, comment arrive-t-il? — Oh! ceci eſt une autre affaire; j'ai travaillé pendant ſix ans à faire un manuſcrit dans lequel j'ai placé par lettre alphabétique, toutes les queſtions qu'il étoit poſſible de me faire; j'ai arrangé au-deſſous de chacunes pluſieurs réponſes captieuſes, & ſi ſingulièrement ambigues, qu'il eſt preſque impoſſible, quelque ſoit l'évènement, qu'on ne le juge pas conforme à la Prophétie: eh bien! pourſuivit-il, voilà pourtant à quoi m'a mené la recherche d'une ſcience qui n'exiſte pas; elle m'a conduit (il faut trancher le mot) à être un Charlatan; vous voyez que je m'apprécie, mais on eſt ſi perſuadé du contraire. Un grand nombre de mes admirateurs, ſont ſi fort enthouſiaſmés, tellement entêtés de mon merveilleux ſçavoir, que ſi je leur diſois moi-même que je les ai trompés, je ne parviendrois pas à les persuader. — J'admire votre adresse, & crois que personne n'en eût jamais autant. — Désabusez-vous, il en est dans d'autres genres qui sont tout aussi habiles que moi. La fourberie de tout tems a eu des temples où l'on a porté des offrandes ; heureux encore quand la Divinité se contente de ne faire ni bien, ni mal ; croyez aussi que rien n'est si difficile à dissuader que les zélés Apôtres du merveilleux ; comment leur montrer qu'ils sont dupes de leur crédulité, puisque la chimère qui les séduit, perdroit son mérite à leurs yeux, si elle étoit dans l'ordre des possibilités reconnues. Eh! comment se rendre à la raison quand on encense la déraison ? L'amour-propre d'ailleurs les empêcheroit de céder à l'évidence même ; conviendront-ils qu'ils ont donné dans un paneau qui ne devoit attirer que les sots ? S'exposeront-ils aux railleries de ceux que le bon sens a garanti du prestige de la vogue, en convenant qu'ils sont des imbéciles dont on a sçu attrapper l'argent ; non, ils aimeront mieux prendre le parti d'affermir, en dépit de la raison, la réputation du Charlatan, en vantant, en affirmant ses prodiges. C'est l'ignorance qui accrédite l'erreur, aussi son parti sera-t-il toujours le plus nombreux.

Le vieillard employa le reste du jour à me conter des histoires singulières, & qui me prouvèrent que l'imagnation produit d'étonnants effets.

Le lendemain étoit un jour consacré à révéler les secrets de l'avenir ; pour satisfaire la curiosité que j'avois de lui voir faire ces prédictions, il me plaça dans le cabinet qui est au fond du temple, & qu'il appelloit le sanctuaire, le tabernacle des Oracles, parce que le manuscrit qui les contenoit, y étoit renfermé.

Le Prophète étoit assis au milieu du temple sur un siège d'Ebène, élevé de terre par une petite strade de deux marches ; une table du même bois que son siége, posé sur trois pieds d'un acier très-poli, étoit devant lui avec plusieurs grandes feuilles de papier, un compas & des crayons.

La première personne qui parut étoit une dame de qualité, qui venoit exprès de plus de cinquante lieues pour consulter *l'Astrologue du Bois ;* en entrant dans le temple, elle éprouva un saisissement terrible ; le Prophète la priant de se rassurer, lui demanda sous quel signe, quel jour & à quelle heure elle étoit née ? Ayant satisfait à ces questions d'une voix tremblante, l'Astrologue traça plusieurs lignes sur du papier, & lui dit d'aller poser sa main gauche sur l'étoile qui étoit en opposition à la constellation qui avoit présidé à sa naissance ; elle s'en approcha d'un pas assez ferme, mais quand elle vit la vive lumière envelopper le signe, elle jetta un grand cri & s'évanouit ; le vieillard qui fut à elle la conduisit jusqu'à la porte où Grégoire la reçut & la fit revenir ; elle entra quelques minutes après ; quand le Prophète l'eût exhorté à n'avoir aucunes frayeurs, il la pria de retourner à l'etoile, & de ne s'en éloigner que lorsqu'il lui diroit, sans quoi il ne pouvoit rien faire ; ne craignez rien, Madame, ajouta-t-il, cette lumière qui vous a épouvantée, est la preuve évidente que le destin va vous éclairer sur ce que vous desirez savoir; elle s'en approcha de nouveau, fit encore un mouvement de crainte quand la lumière s'élança, & pourtant eût la force de rester en place ; pendant que l'Astrologue barbouilloit du papier de l'air le plus grave

& le plus recueilli, se levant ensuite de son siége, il lui dit d'y venir prendre place, qu'il falloit qu'elle restât seule quelques instans ; elle témoigna une nouvelle surprise, voyant qu'en quittant sa place la lumière disparoissoit aussi rapidement qu'elle s'étoit montrée. Le vieillard vint au cabinet où j'étois, chercha dans le manuscrit la réponse qui convenoit à la question de la dame, & le lut deux fois. En rentrant dans le temple, il posa un genouil en terre devant sa constellation ; il se releva en prononçant lentement sa Prophétie ; la dame qui en parut fort satisfaite, le remercia, sortit en laissant sur la table une bourse de cent ducats.

Elle fut remplacée par un gros Paysan, qui dit à l'Astrologue avec assez d'assurance qu'il venoit lui demander s'il seroit heureux en épousant sa maitresse ; le Prophète fit sa question ordinaire : sous quel signe, quel jour & à quelle heure êtes-vous né ? — Mais, Monsieur l'Astrologue, je suis né sous le toît de la maison de mon père, & non pas sous un *Cygne*. — Apprenez que chaque homme naît sous la constellation d'un des douze signes que vous voyez, & que c'est son influence qui décide des évènemens de sa vie. — Ah bien, Monsieur le Prophète, je n'en sais pas tant ; tout ce que je puis vous dire, c'est que mon baptistaire est du 28 Avril, & que ma mère m'a dit que j'étois venu au monde à trois heures du matin. — Le mois d'Avril ? C'est le signe du Taureau ♉ ; le voilà : allez mettre votre main sur l'étoile que vous voyez & qui lui est opposée ; le Paysan s'en approcha sans hésiter, mais quand il vit l'effet de la petite glace, il fit un saut fort plaisant, en s'écriant ! Miséricorde ! je suis perdu ! — Le Prophète lui dit qu'il étoit bien poltron, & que s'il ne se tenoit pas en place, il ne lui pourroit rien apprendre. — Pardon, Monsieur l'Astrologue ; mais je n'ai pas pu y tenir quand j'ai vu cet éclair s'arrêter tout juste sur le Taureau que vous dites qui est mon Patron.

N'étant pas le maître de surmonter le fou rire que cette naïveté me causoit, je sortis du cabinet par la porte qui communiquoit à la chambre du vieillard, où j'éclatai à mon aise ; Grégoire vint me demander ce qui me mettoit de si bonne humeur ? Je lui répétai ce que je venois d'entendre ; bon, dit-il, j'en ai vu bien d'autres ; ce benêt eſt le fils d'un riche Fermier qui demeure à deux lieues d'ici, mais il n'en faut point dire de mal ; il m'a donné en entrant un liévre, un fameux jambon & deux groſſes poulardes ; je vous conſeille pourtant de ne pas retourner dans le cabinet ; il y a encore là trois idiots qui pourroient exciter votre gaieté & la rendre malgré vous plus bruyante qu'il ne convient à nos intérêts.

Je lui demandai de me faire voir au moins ces trois curieux qui attendoient leur tour ? Il me dit d'aller dans l'eſpèce de veſtibule qui eſt à l'entrée de la voûte ; c'étoit une jeune Payſanne, un vieux Chanoine & un Bourgeois proprement mis.

Grégoire me montra quand je rentrai ce qu'il appelloit leur offrande ; le Chanoine avoit fait apporter ſix livres de bougies, douze bouteilles de vin du Rhin & deux pains de ſucre ; la Payſanne avoit donné un pannier d'œufs & du beurre frais ; le Bourgeois deux douzaines de mouchoirs des Indes & quatre bouteilles de liqueurs. — Bon ! dis-je ? Voilà d'excellentes proviſions ! — Oh ! reprit Grégoire, nous n'en manquons jamais, ſouvent même nous en avons tant que nous n'en ſavons que faire.

La ſéance finie, le Prophète qui vint nous rejoindre, m'aſſura que j'avois agi prudemment; que ſi je ne m'étois pas retiré, la Payſanne, & ſur-tout le Chanoine, m'auroit immanquablement fait étouffer. —Il eſt impoſſible de ſe faire une idée des ſcènes plaiſantes que j'ai vu depuis que je ſuis ici. —Je me réſerve, mon frère, le plaiſir de vous en conter quelques-unes dans la route.

Plus je voyois le vieillard, plus ſa ſociété m'enchantoit; ſon eſprit étoit orné; il ſavoit jouer de pluſieurs inſtrumens; il s'étoit fait une Bibliothèque de Livres choiſis, & je me ſerois trouvé heureux, ſi j'avois oſé informer ma famille de mon ſort, mais je ne le pouvois ſans riſquer de commettre une imprudence; & ce ne fut qu'au bout de deux ans que mon ingénieux Aſtrologue, à qui j'avois dit mon nom, & avoué mon hiſtoire, me donna le moyen de vous écrire & de recevoir de vos nouvelles ſans danger.

Ce bon vieillard, qui avoit quatre-vingt-douze ans, commençoit à s'affoiblir; ſon corps ſe courboit viſiblement vers le tombeau, ſans cependant que ſon jugement, ni ſa gaieté en fuſſent altérés ; mais ſentant lui-même que ſa fin s'approchoit, il me dit un jour : je n'ai pas long-tems à reſter dans ce monde ; j'aurois deſiré, avant de quitter la vie, vous ſavoir rétabli dans vos biens & vos honneurs ; mais puiſque le Comte, votre frère, vous écrit qu'il n'y faut plus penſer tant que le vieux Prince P.... vivra, que la haine que ce puiſſant ennemi vous porte, n'a rien perdu de ſa violence, & que l'envie de la ſatisfaire, conſerve toute ſon activité ; il eſt certain que pour vous perdre, ſa vengeance ne ſeroit pas ſcrupuleuſe ſur le choix des moyens, s'il parvenoit à vous découvrir, je vous conſeille donc de ne point abandonner cette retraite que la mort ne vous ait délivré de ce redoutable perſécuteur ; cependant ſi je n'étois plus, vous n'y trouveriez pas la même ſûreté ; cette habitation, qui ne convient qu'au métier que je fais, rendroit fort ſuſpect un homme qui y feroit ſa demeure : ſans ce motif & vous y ſeriez plus expoſé que caché ; il n'y a qu'un moyen pour vous mettre à l'abri de toutes recherches, c'eſt de prendre ma place. — Votre place ? — Oui ma place ; & comme ce n'est pas d'aujourd'hui que j'ai conçu ce projet, j'ai fait faire tout ce qu'il faut pour votre métamorphose; ceux qui viennent me consulter sont ordinairement plus occupés de leur frayeur que de l'analyse de mes traits; vous aurez tout l'ensemble de ma représentation, il n'en faut pas davantage; allons, poursuivit-il, habillez vous, que j'admire la bonne mine d'un cadet de mon âge. —Mais de votre âge! Cela ne se peut pas. — Voyons, colez d'abord sur votre front ces sourcils blancs qui vont ombrager vos yeux; mettez cette barbe vénérable; cet habit que j'ai fait faire est tout pareil au mien, & nous déciderons ensuite lequel de nous aura l'air le plus jeune; je le satisfis en riant; ma toilette finie, le bon vieillard s'écria: ah! mon frère, je vous rends les armes, & vous reconnois pour mon aîné. J'ai quatre-vingt-douze ans, mais vous en avez au moins cent. — En effet, il m'étoit impossible de me reconnoître moi-même; ce n'est pas tout, ajouta mon cadet; vous tiendrez la première séance, je serai bien aise de voir comment vous vous en tirerez; j'eus beau m'en défendre, il falut céder: je fis donc mon apprentissage de Prophète, & mon maître, qui m'obſervoit du cabinet, fut ſi content de mon coup d'eſſai, qu'il abdica en ma faveur l'empire des aſtres.

Je trouvois donc dans ce bizarre emploi le double avantage de me beaucoup amuſer & d'être plus que jamais en ſûreté ; il y avoit ſix ſemaines que je l'exerçois, lorſqu'un matin le vieillard dit à Grégoire de me prier de paſſer dans ſa chambre ; quand j'y fus, il nous parla en ces termes :

C'eſt tout de bon, mes chers amis, qu'il faut nous ſéparer ; je ſens qu'il n'y a plus moyen de reculer ; prenez ce papier, dit-il à Grégoire, il vous rend maître de tout ce que je poſſède ; je vous le donne, à condition que vous ſervirez Monſieur C.... avec zèle, & qu'il jouira de cette habitation & des effets qu'elle renferme autant de tems qu'il lui plaira d'y reſter. — Adieu, mes enfans, ajouta-t-il, n'ayez point de chagrin en voyant un vieillard qui finit paiſiblement, & ſans douleur, ſa longue carrière ; vous ſavez que le boſquet eſt mon ouvrage ; que c'étoit ma promenade favorite, je vous prie de m'y enterrer, & quand vous verrez ma tombe, ſi vous vous ſouvenez que j'ai trompé la crédulité des hommes, ſouvenez-vous auſſi que mon cœur n'a jamais trompé l'amitié ; il parla tout le jour avec la même liberté d'eſprit ; à huit heures du ſoir il parut s'endormir, & s'endormit en effet pour ne plus s'éveiller.

Je remplis, aidé de Grégoire, la volonté du défunt, en le dépoſant dans le boſquet où nous lui avons élevé un tombeau ruſtique que je ne vois jamais ſans attendriſſement ; voilà cinq ans qu'il n'eſt plus & que j'ai continué à prophétiſer ſans que perſonne ſe ſoit douté du moindre changement.

A préſent, mon cher frère, que vos ſoins & la mort de mon cruel ennemi ont tout pacifié, que je puis aller embraſſer mes parens, & revoir ma Patrie, ſi Grégoire veut me ſuivre, il connoîtra par le ſoin que je prendrai de ſon ſort, qu'il n'a pas prodigué ſes bons offices à un ingrat. — Ah! Monſieur, ſi je vous étois utile, je vous ſuivrois partout, mais ne pouvant plus être bon à rien, ſouffrez que je finiſſe ici mes jours ; j'y ai été élevé depuis l'âge de huit ans, & je me trouverois étranger par-tout ailleurs. —Grégoire, vous êtes bien le maître, reſtez dans cette ſolitude puiſqu'elle vous plaît, je vous y ferai tenir tous les ans une pension de cent ducats. — Il ne me conviendroit pas, Monsieur, de refuser vos bienfaits; permettez-moi cependant de vous représenter que je n'en ai pas besoin; vous savez que mon cher maître m'en a laissé plus qu'il ne m'en faut. — Je le sais, mais je sais aussi que vous avez des parens, & vous pourrez les aider avec ce que je veux que vous acceptiez. — Grégoire répondit par une inclination, & Monsieur C.... poursuivit : pour vous, *Spatantigarude*, soyez l'ami de Grégoire. Il vous verra prendre ma place avec plaisir, & si vos procédés répondent à son bon cœur, vous vivrez fort heureux; Grégoire est maître absolu ici; tâchez de mériter son amitié, il vous mettra au fait de ce qu'il vous faudra faire; vos dispositions, aidées de ses conseils, & du manuscrit des Oracles, opéreront des prodiges; endossez ma robe; si cette marche est suivie de successeur en successeur, on verra le Prophète des Bois aussi immortel que le *grand Lama*, ce qui ne nuira pas à sa haute réputation.

A présent, mon frère, venez voir toutes les merveilles de cette habitation, nous partirons ensuite, & nous n'oublirons pas de passer chez le bon fermier qui m'a si généreusement donné son habit; il me sera bien doux de lui témoigner ma reconnoissance, & vous verrez ce brave & honnête homme avec plaisir.

La visite de la maison faite, ils partirent pour aller joindre leurs voitures & leurs gens qui étoient restés dans le prochain village.

Grégoire, en me faisant faire plusieurs répétitions, me mit en état de siéger gravement le surlendemain dans le temple des astres, où je pris possession de ma nouvelle dignité, & j'en remplis les fonctions de manière à mériter l'approbation de Grégoire, qui m'assura que je n'affoiblirois pas l'éclatante vogue de l'Astrologue du Bois.

Ce complaisant garçon s'offrit de me montrer la musique & à jouer de différens instrumens; le vieillard lui avoit enseigné ces talens dès son enfance, & il les possédoit au premier degré; je m'appliquai à les apprendre; j'avois de la facilité, & j'y fis des progrès si rapides, que je fus en peu de tems en état de faire avec lui de petits concerts; j'ajoutai à ce plaisir celui de la lecture auquel j'avois pris goût; ces délaſſemens étoient mon ſeul travail; je vivois dans l'abondance ; je dupois le Public ; cette exiſtence commode, qui étoit on ne peut plus conforme à mes penchans, ſembloit répondre au ſyſtême de bonheur que je m'étois fait; mais ſi elle flattoit mon goût d'un côté, elle déplaiſoit à mon humeur de l'autre, qui n'étoit point tournée du côté de la retraite; la vie que je menois me parut triſte, monotone; en effet, elle avoit trop de conformité avec celle d'un Sage pour qu'elle put me plaire long-tems; je ne pouvois cependant pas y renoncer ſans m'expoſer au danger de retomber dans l'affreuſe miſère où je m'étois déjà vu plongé.

Il y avoit trois ans que j'apprenois l'avenir aux autres ſans avoir pu deviner un moyen pour ſortir de mon déſert ; mais le haſard me ſervit mieux que n'auroit pu faire mon imagination.

M'étant un jour éloigné de ma demeure plus qu'à l'ordinaire, j'entendis du bruit dans le bois ; j'y tournai mes pas, & je vis deux hommes qui en aſſaſſinoient un troiſième ; à mon aſpect la frayeur fit fuir les aſſaſſins, je fus à celui qu'ils avoient terraſſé & qui baignoit dans ſon ſang ; je le relevai en lui demandant en quel endroit il avoit été frappé ; je crois, dit-il, ne l'être qu'au bras, mais mon ſang ſe perd & j'ai beſoin de ſecours. — Venez chez moi, lui dis-je, vous en trouverez ; je le conduiſis à la maiſon, Grégoire fit chauffer de l'huile & du vin, baſſina deux bleſſures très - profondes, les banda, & le fit coucher ; deux heures après il ſe trouva beaucoup mieux ; je lui donnai un bouillon, & l'exhortai à ſe tranquilliſer, l'aſſurant que rien ne lui manqueroit, & qu'il ſeroit ſoigné comme dans ſon propre logis. — Ah ! ſans vous je n'exiſterois plus ; ces deux miſérables m'ont arrêté comme je traverſois le bois ; l'un a ſaiſi la bride de mon cheval, pendant que l'autre alloit me plonger un couteau dans le cœur ; je l'ai paré avec mon bras ; en redoublant, il m'a terraſſé ; je me débattois ſous leurs coups quand vous êtes arrivé ; vous ſavez le reſte. — Qu'eſt devenu votre cheval ? — Sans doute il a fui dans le bois ; heureuſement j'avois mon argent dans ma ceinture, &, grace à vous, ces monſtres n'ont pas eu le tems de me le voler.

Le lendemain Grégoire nous aſſura en viſitant les bleſſures, qu'elles n'auroient aucunes

ſuites

ſuites fâcheuſes, que les chaires étant ſeules coupées, l'huile & le vin ſuffiroient pour les parfaitement guérir.

Remarquant que le bleſſé m'examinoit avec une attention extraordinaire, je lui dis : mon habillement paroît vous étonner, il ne faut pourtant pas que ſa ſingularité vous donne mauvaiſe idée de celui qui le porte. — Elle ne m'en donne point non plus ; je ſais que la manière de s'habiller dépend ſouvent plutôt des circonſtances que de la mode ; vous avez ſans doute vos raiſons pour porter ce coſtume, & moi je n'en ai aucune pour le déſaprouver. — Tout le monde n'eſt pas auſſi conſéquent que vous dans ſes déciſions ; cet habit en effet convient à mon état, & vous en conviendrez quand vous ſaurez que vous êtes chez le *Prophête du Bois*. — Le Prophête du Bois ! Il y a long-tems que je connois ſa grande réputation, & je rends doublement grace à l'heureux haſard qui m'a conduit chez un homme que j'ai toujours deſiré connoître ; On aſſure que vous ſavez beaucoup ; je ne ſuis pas non plus tout-à-fait un ignorant, & je vois qu'indépendamment de l'important ſervice que vous m'avez rendu, nous aurons encore d'autres motifs pour sympathiser ensemble. — Je le souhaite trop pour ne pas l'espérer. — Eh bien ! soyez-en certain ; ma Nation a été la pépinière des Prophêtes, & je dois me féliciter plus que beaucoup d'autres de voir qu'ils ont encore des successeurs, que cette science divine n'est pas tout-à-fait perdue ; descendants de ces grands hommes je dois admirer celui qui a sçu s'assimiler à eux par la connoissance d'un avenir que tout le monde ignore ; mais permettez-moi de vous demander si, quoique je sois de la race d'Israël, je puis prétendre à l'avantage d'être instruit par vous d'une chose qui m'intéresse, & que je désire savoir ? — Sans contredit. — Ayez donc la complaisance de m'apprendre si ma femme est morte ou vivante, & si elle est en bonne santé, j'en suis fort inquiet. — Quand vous serez tout-à-fait rétabli, nous passerons dans le temple des astres, & je vous satisferai. — Je vous prie de ne pas différer ; j'ai assez de force pour m'y rendre. — Je crains une révolution, & dans l'état où vous êtes.... — Ne craignez rien, & daignez contenter ma curiosité ! — Venez donc puisque vous le voulez. Le Juif entra dans le temple ſans témoigner la moindre ſurpriſe ; il ſe contenta de l'examiner de ſang froid. Je lui fis mes queſtions accoutumées ; il y répondit avec le même flegme ; je lui dis d'aller poſer la main ſur l'étoile ; il s'en approcha & regarda la lumière s'élancer en ſouriant ; ſa tranquillité me démontoit ; j'en étois choqué au point que j'eus peine à cacher mon humeur. — Je fus conſulter le manuſcrit des Oracles, & prononçai celui-ci : « Tu » rejoindras ta femme, elle t'attend ; les maux » de ce monde ne ſont que paſſagers ; que » tes inquiétudes ceſſent, le bonheur eſt de- » vant toi ».

Fort bien, dit le Juif, quelque ſoit l'état de ma femme, la Prophétie aura raiſon ; ſi elle vit, elle m'attend, ſi elle eſt morte, elle m'attend encore ; ſi elle eſt malade, il faut m'en conſoler parce que c'eſt une affaire paſſagère. Mes inquiétudes doivent ceſſer puiſqu'elles ne remédieroient à rien ; ce bonheur qui eſt en perſpective, peut être loin comme près ; la diſtance n'eſt pas fixée, & néceſſairement la Prophétie eſt infaillible ; je n'y trouve qu'un petite difficulté, c'eſt que je n'ai point de femme, & que je n'en eus jamais. —Quoi!

Monſieur, vous me jouez ? —Point du tout; je veux ſeulement vous engager à être de bonne foi ; l'entière confiance que l'on a dans le profond ſavoir *du Prophète du Bois ;* les merveilles que l'on en publie, ſes longs & conſtants ſuccès m'ont donné la plus haute idée de l'adreſſe de ſes combinaiſons, & je ſuis fort content d'en avoir pu juger moi-même ; l'imagination de celui qui a diſpoſé tout ceci mérite ſûrement des éloges;la voûte ténébreuſe qui conduit au temple, diſpoſe très-bien l'ame à recevoir les impreſſions que lui doivent faire éprouver ces ingénieux arrangemens : la clarté qui ſe répand ici eſt impoſante, & parfaitement ménagée ; la vive lumière qui frappe la conſtellation a un air de prodige qui ne peut manquer de faire beaucoup d'effet ſur les ſens ; oui, tout eſt très-bien entendu, vos oracles d'ailleurs ſont adroits ; & bien, calculés ; ne vous offenſez pas, je parle en homme du métier. —Quoi ! vous êtes Aſtrologue ? — Un habile Charlatan, n'eſt rien, ne ſait rien & fait tout ; une ſeule choſe lui eſt néceſſaire, c'eſt l'art d'en impoſer ; ce grand art une fois acquis, il ne doit plus douter de ſes ſuccès ; plus ſes entreprifes font bifarres, plus elles choquent la raifon, plus elles font impertinentes, & plus elles font fuivies; mais dites-moi, je vous prie, comment il fe peut que depuis tant d'années que l'on parle du *Prophète du Bois*, je le trouve en vous qui êtes un jeune homme? — Moi, un jeune homme! — Oui, un jeune homme; malgré votre apparence de vieillard, croyez que mes yeux font trop exercés pour qu'ils aient pu s'y tromper. Voilà pourquoi je vous obfervois fi attentivement, & quand vous l'avez remarqué, je n'avois déja plus de doute. — Je vous reconnois pour mon maître, & fuis prêt à vous expliquer, fans détour, comment je fuis en poffeffion de cette place, dans laquelle, puifqu'il ne faut vous rien taire, je commence à me bien ennuyer. — Cette folitude en effet ne peut convenir à un homme de votre âge; mais allons dîner: vous me conterez toute votre hiftoire, & nous verrons enfuite quel parti nous pouvons prendre; je me dévoue dès ce moment tout entier à vos intérêts, & je jure par Jehova que la vie que je vous dois, fera employée à vous fervir.

Je ne diffimulai rien, & je fis au Juif le

détail exact de tout ce qui m'étoit arrivé. — Vos commencemens, dit-il, sont d'un fort heureux présage; vous êtes né pour en imposer au plus grand nombre; suivez courageusement votre destinée; je crois déjà voir les dupes qui vous tendent les bras, portant des bourses d'une main, & des couronnes de l'autre; je vous seconderai en tout, si nous échouons dans un genre, nous en prendrons un autre; j'ai à peu près fait tous les métiers, mais celui qui m'a valu le plus d'argent a été d'apprendre à faire de l'or. — Comment! vous savez faire de l'or? — Je ne dis pas que j'en fais faire; je dis que j'ai montré à en faire : j'ai trouvé des hommes riches & crédules à qui je promettois le beau secret de la pierre philosophale, offrant de ne recevoir la somme dont nous convenions qu'après la réussite complette de ce grand œuvre; à cette condition satisfaisante les fourneaux étoient allumés; les ingrédiens dont je donnois la note, étoient mis dans le creuset. Je promettois qu'en six semaines on verroit les échantillons des mines du Pérou prendre la place du Mercure, &c. Quand le moment que j'avois fixé pour cette superbe métamorphose approchoit, je trouvois moyen de gliſſer de l'or en place de la compoſition : l'amateur de richeſſes, auſſi enchanté que ſurpris, me contoit avec tranſport 600, 800 ou 1000 ducats, ſuivant ce qui avoit été arrêté ; ſatisfait l'un de l'autre, je le laiſſois calculer ces futurs tréſors & ſouffler ſes fourneaux, tandis que j'allois ailleurs chercher une nouvelle dupe. — Vous êtes donc bien riche ? — Je devrois l'être, mais il y a deux ans que j'éprouvai un fâcheux revers ; un traître voulant s'approprier plus de cent mille francs que j'avois en argent comptant, me dénonça comme Juif à l'Inquiſition ; le pas étoit gliſſant, il me falut choiſir entre le feu & l'eau ; je préférai le dernier & me faiſant baptiſer ; je quittai un inſtant le nom de Moïſe pour prendre celui de Boniface ; à ce prix on me rendit ma chère liberté, mais mon très-cher argent fut perdu. — C'eſt une perte des plus conſidérables. — Il faut la réparer ; entendons-nous bien ; ſecondez-moi de même, & nous en viendrons à bout ; je prévois que dans quinze jours mes bleſſures ſeront entièrement guéries ; employez ce tems à tout diſpoſer pour votre départ.

J'informai Grégoire du deſſein où j'étois. —

J'en ſuis fâché, dit-il; c'eſt dommage de quitter une boutique quand elle eſt bien achalandée. — Eh bien ! prenez ma place. — Cela ne ſe peut; on eſt accoutumé à me voir; le ſon de ma voix pourroit être reconnu ; d'ailleurs mille autres inconvéniens me défendent d'y penſer; je vous prie ſeulement d'annoncer votre départ; ſi l'on vous voyoit diſparoître ſans en être prévenu, on pourroit m'inquiéter; vous ne manquerez pas de raiſons pour motiver un voyage ; par ce moyen vous vous ménagerez même la liberté de revenir ſi l'envie vous en prend. —Vous avez raiſon, & pour que tout ſe paſſe dans les formes, vous me ferez venir un Notaire & des témoins ; je ferai en leur préſence une déclaration, dont on dreſſera un acte ; à préſent, mon cher Grégoire, il me faut acheter un habit propre, & tout ce que vous croirez m'être néceſſaire, nous aurons auſſi beſoin de deux chevaux puiſque celui de Moïſe eſt perdu. — Il ne peut pas l'être, on m'a dit que des Payſans en avoient hier trouvé un à l'entrée du bois ; j'allois m'en informer quand vous m'avez arrêté ; quoi qu'il en ſoit, repoſez-vous ſur moi, je vais travailler à vous ſatisfaire.

Il sortit & rentra quelques heures après en ramenant le cheval, qui fit d'autant plus de plaisir à Moïse, que son porte-manteau contenoit des effets qui lui étoient fort utiles.

Quelques jours ensuite, il fit venir le Notaire & les témoins que j'avois demandé, & je déclarai en leur présence qu'étant appellé ailleurs pour un tems que je ne pouvois pas fixer; qu'incertain même, si je reviendrois jamais, je laissois Grégoire maître absolu de l'habitation & de tout ce qu'elle renfermoit; qu'il en devoit être regardé comme unique propriétaire, & par conséquent libre d'en disposer à son gré quand bon lui sembleroit : le Notaire dressa son acte que les témoins signèrent.

Toutes mes emplettes étoient faites, Moïse étoit guéri, & nous nous disposions à partir, quand le bon Grégoire, qui avoit toujours été économe & caissier, me dit : nous ne devons rien, & voilà 300 ducats d'épargnes depuis que vous êtes ici, prenez-les ; vous savez qu'outre ce que m'a laissé mon ancien maître, la pension que Monsieur C.... me fait est exactement payée ; ne vous faites donc pas de scrupules d'emporter cet argent ; je suis, comme on voit, bien éloigné d'être un homme à ſcrupules; cependant, entraîné par la généroſité de Grégoire, je ne voulus que partager, & le forcai de ſouſcrire à cet équitable arrangement. Quand nous fûmes en route, je demandai à Moïſe par où nous allions commencer? Allons toujours, dit-il, j'ai à vingt lieues d'ici un petit chez moi, il faut nous y rendre; je me ſuis rappellé une folie qui eſt à préſent tombée dans l'oubli; je reverrai les livres qui traitent de cette extravagance; qu'il eſt peut-être poſſible de remettre en crédit; ne m'en demandez pas davantage, quand j'aurai dreſſé mon plan nous en raiſonnerons; je m'en rapportai à l'expérience & à l'habileté de mon Mentor; rendus chez lui, il courut à une vieille armoire qui étoit remplie de bouquins; après y avoir cherché quelque tems; je crois, dit-il, que je tiens ce qu'il me faut!.... Juſtement.... Laiſſez-moi faire, je ne paſſerai point la nuit à dormir, j'eſpère l'employer plus utilement.

En effet, à ſix heures du matin il entre dans ma chambre avec fracas, l'œil étincelant, les cheveux & la barbe ébouriffés, en s'écriant du ton d'un inspiré : vous avez été Empirique, Astrologue, Prophête; moi j'ai plus fait encore, mais ce n'est point assez, il faut étonner l'univers ; foulons aux pieds Hypocrate, Galien & leurs enfans ; renversons les autels d'Esculape, & convertissons son coq en chapon ; enfin faisons la Médecine universelle :

Audaces fortuna juvat.

L'enthousiasme de l'Israélite me fit jetter un grand éclat de rire. — Je ne plaisante point, poursuivit-il gravement ; mon projet est très-sérieux, il est vaste, il est hardi, il est digne de vous, il est digne de moi, & rien n'en doit empêcher l'exécution. — Instruisez-moi du moins de ce que je dois faire. — Il faut que je vous apprenne d'abord quelle est la doctrine que nous allons faire revivre, & que d'habiles fourbes ont jadis professé ; elle consiste à établir que la cause des maladies provient du trop ou du trop peu du fluide animal, qui, selon eux, est pour les corps animés ce qu'est le flogistique pour les métaux ; ce principe posé, il ne s'agit plus que de savoir rendre & ôter cet invisible soutien de notre être ; ceux qui ont sçu persuader qu'ils posſédoient ce chimérique ſecret, n'étoient pas plus fins que nous; on les a crus, ſoyez certain qu'on nous croira auſſi quand nous aurons fait nos arrangemens pour perſuader que nous diſpoſons de cet agent ſubtil, que nous avons la faculté de guérir tous les maux en donnant à ceux qui en manquent la portion qui eſt néceſſaire à leur ſanté. — Mais on ne manquera pas de nous demander comment il eſt poſſible que nous ne nous trompions pas ſur les doſes d'une ſubſtance abſolument inviſible & impalpable? — Quel pitoyable queſtion! Pourroit-on trouver plus de difficulté à la peſer qu'à la ſaiſir, qu'à s'en emparer, qu'à l'enchaîner au bout de ſon doigt. — Au bout de ſon doigt! — Sans doute, ce ſera en remuant le doigt d'un certain ſens devant les yeux du malade que vous lui ferez entrer dans le corps ce baume vivifiant; & quand vous l'agiterez d'un ſens contraire, vous l'en ferez ſortir. — Et vous vous imaginez que nous perſuaderons cette folie? — Je vous ai déjà dit qu'en fait de charlatannerie, ce qui étoit le plus oppoſé à la raiſon, le plus impertinent, étoit tout ce qui réuſſiſſoit le mieux; la nôtre aura le charme tout puissant du merveilleux & de la nouveauté; nous aurons des contradicteurs, il est vrai, mais que de partisans! Vous verrez les têtes se monter, s'échauffer.

« Le fat ignorant croira faire preuve de » science, en disant qu'il conçoit la possi- » bilité des ressorts que la nature fait mou- » voir.

» Le pédant soutiendra que les matières » renferment des agens subtils qui rendent » tout possible.

» Le demi-savant fera un galimathias de » l'influence des corps célestes, du parti qu'on » peut tirer des élémens, de la sympathie, » de l'antipatie, du rapport des corpuscules, » de l'attraction des molécules; il extraira, » amalgamera, divisera & embrouillera si » bien tout, que son discours, qui ne sera » compris ni de lui, ni de ceux qui l'écoute- » ront, en étourdissant les uns, deviendra » pour les autres, ce qu'est un chien pour un » aveugle.

» Le petit nombre de ceux qui sont vrai- » ment instruits voudra en vain se faire en- » tendre; ne pouvant lui opposer des raisons, » on lui dira des mots, puis des injures; les

» femmes arriveront enſuite, entreront dans
» la lice, crieront, décideront, prononce-
» ront ; le bon ſens, forcé de ſe taire, laiſſera
» triompher le fourbe & la fourberie.

—J'en accepte l'augure, & ſuis prêt à faire aveuglément tout ce que vous voudrez. — Commençons par convenir de la conduite qu'il nous faudra tenir ; vous êtes jeune, bien fait, vos yeux ſont agréables, fins, ſpirituels (un peu faux à la vérité), mais n'importe ; vous ſavez l'Allemand & paſſablement le François ; ce ſera vous ſeul qui paroîtrez ; vous ſerez l'unique poſſeſſeur du merveilleux ſecret ; ſa découverte ſera votre ouvrage & le fruit de vos pénibles recherches, pendant que moi qui ſait l'Hébreu, l'Eſpagnol, l'Italien, l'Allemand, l'Anglois, le François, & ſur-tout le Grec, je me ſervirai de toutes ces langues pour établir votre réputation ; je publierai vos prodiges, je ferai des hiſtoires qui leveront tous les doutes ; je citerai des autorités, &c. &c.

Ce ſera d'ailleurs le moyen de nous ménager des reſſources en cas d'évènemens ; ſi vous trouvez des antagoniſtes trop dangereux, je pourrai agir & faire agir, n'étant censé pour rien dans les querelles, paroissant toujours neutre, toujours étranger dans les affaires que l'on pourroit vous susciter ; je conserverai le droit & la facilité d'employer toutes les ressources que la prudence & les circonstances exigeront. — Je ne puis qu'applaudir à d'aussi sages précautions, & si le hasard nous seconde, & guérit quelques-uns de ceux qui s'adresseront à nous, j'espère le plus heureux succès. — Soyez bien assuré que dans le nombre de ceux qui feront l'essai de votre doctrine, il s'en rencontrera une bonne partie sur lesquels la nature opérera ; l'honneur que vous feront ces cures, vous mettra en crédit ; le Public une fois persuadé que vous possédez le beau secret de guérir par le seul attouchement, que nous nommerons *Magnétisme animal*, ne pourra pas refuser sa confiance à celui qui renferme dans son être la source intarissable de toutes les santés : cette croyance établie, on ne vous approchera plus sans émotion ; il vous sera alors facile de porter le trouble dans des imaginations déjà ébranlées ; vous fixerez avec vos yeux perçans, des yeux incertains où vous verrez la crainte & l'espérance se peindre tour-à-tour ; vous approcherez votre doigt avec un sérieux imposant, de leurs prunelles errantes ; vous les forcerez d'en suivre la direction en l'agitant d'un air recueilli ; vous augenterez la rapidité de ses mouvemens à mesure que le charme opérera, & vous produirez des révolutions qui tiendront du prodige ; on vous admirera, on vous regardera comme un homme surnaturel, & c'est tout ce qu'il faut : songez que Mahomet ne seroit point révéré s'il n'eût trompé personne ; enchaînons la crédulité ; marchons sur les traces de ce grand homme ; il a promis des houris aux croyans, promettons-leur la santé ; il leur a défendu de boire du vin, défendons-leur de croire aux Médecins : si son tombeau est placé à la Mecque, plaçons votre nom au Temple de mémoire. — Vous ne vous trompez point en croyant aux effets que peut produire l'imagination montée ; vous avez exalté la mienne, je peux tout entreprendre, tout exécuter ; rien ne me paroît difficile ; oui, je vous prouverai que *Spatantigarude* étoit digne de vos leçons. — Nous allons revoir ensemble les livres qui doivent faire la base de votre doctrine nous en ferons une compilation

pilation bien raiſonnée , bien calculée, & nous irons en eſſayer l'effet à M..... Vous y prendrez un appartement , des domeſtiques ; moi je me logerai dans un quartier oppoſé au vôtre ; nous n'aurons point l'air de nous connoître ; je ſaurai m'introduire dans les ſociétés, dans les endroits publics ; j'entendrai tout ce qui ſe dira, & nous règlerons notre conduite d'après l'idée qu'on ſe fera de votre méthode ; pour ôter tout ſoupçon de notre intelligence, nous ne nous verrons que la nuit, où nous tiendrons conſeil pour décider ce qu'il ſera à propos de faire pendant le jour.

Puiſque j'allois être cenſé guérir par l'attouchement , je penſai qu'il étoit à propos de m'inſtruire quels étoient les endroits du corps les plus ſenſibles ; Moïſe qui approuva ma réflexion , n'eût pas de peine à trouver un Chirurgien qui m'indiqua , de manière à ne pas m'y méprendre, les différentes parties qui ſont en quelques ſortes les ſiéges du ſentiment ; à force de m'exercer, je trouvai ſi heureuſement la clef des ſenſations , qu'en l'eſſayant ſur moi-même, j'éprouvai l'impulſion la plus vive ; je ne doutai plus dès-lors de ce que je pouvois faire éprouver aux autres; cette triomphante découverte me parut un nouveau garant de mes ſuccès.

Je n'oubliai pas non plus de raſſembler dans ma tête tous les ſpécieux raiſonnemens dont les anciens Magnétiſeurs s'étoient ſervi pour prouver l'exiſtence, l'infaillibité d'un remède unique, inviſible, impalpable, & ſur-tout univerſelle.

Croyant avoir tout prévu, Moïſe partit le premier & ſe rendit à M.... Il y parut, non comme Juif, mais comme un Savant aiſé qui voyage pour étendre ſes connoiſſances; il n'eût pas de peine à ſe répandre & ſe faire regarder comme un homme extrêmement inſtruit.

J'arrivai douze à quinze jours après lui; j'annonçai ma doctrine avec fracas; Moïſe, qu'on ſuppoſoit un grand Philoſophe, fut conſulté; on lui demanda s'il croyoit qu'il fût poſſible qu'on puiſſe guérir par le ſeul attouchement. J'en doute, répondit-il, il eſt cependant très-certain que toutes les maladies ne ſont occaſionnées que par un dérangement qui fait perdre aux matières dont nous ſommes formées le juſte équilibre qu'elles reçoivent du parfait accord de leurs combinaiſons, & cet accord ne ſe dérange jamais que par l'évaporation ou le trop peu de l'eſprit vivifiant qui les lient & les met en action ; c'eſt ſa ſeule activité qui les empêchent de s'affaiſer ſous le poids de leur opacité ; & l'on ſeroit bien fondé à regarder comme miraculeux celui qui ſeroit parvenu à trouver le moyen de l'extraire, de s'en emparer & de le communiquer à ſon gré à ceux qui reſſentent des maux qu'on n'éprouveroit jamais ſans l'abſence de cet inviſible ſoutien de la vie ; ſans doute celui qui porteroit la ſcience & le génie à ce degré ſublime, mériteroit des autels ; mais il eſt permis de douter qu'un homme ait pu faire cette merveilleuſe découverte ; cependant c'eſt un objet trop important pour ne pas mériter les plus ſcrupuleuſes obſervations, & nous ne devons rien négliger pour découvrir la vérité ; l'adroit Moïſe appuya ſon galimathias d'une foule de raiſonnemens qui achevèrent de lui concilier la confiance & l'admiration de tous ceux qui l'écoutoient ; & pour conclure, il fut arrêté que dès le lendemain il viendroit chez moi accompagné de cinq ou ſix des plus habiles pour me conſulter, & faire l'eſſai de ma nouvelle méthode.

La nuit ſuivante Moïſe m'inſtruiſit de tout ce qui s'étoit paſſé, & nous concertâmes la ſcène que nous devions jouer.

J'attendis mes aſſaillans de pied ferme, bien prévenu de toutes les objections qu'ils devoient me faire ; j'y répondis ſans héſiter ; Moïſe ſe montra, comme nous en étions convenu, le plus récalcitrant ; j'entrai avec lui en diſſertations éblouiſſantes ; j'étalai avec tant d'avantage mon pompeux jargon, qu'il s'avoua vaincu, me rendit les armes en me demandant mon amitié.

Je paſſai de la théorie à la pratique ; l'un me dit qu'il avoit de fréquens maux de tête ; un autre des douleurs d'eſtomac, &c. &c... Je commençai par agiter mon doigt devant leurs yeux ; il y en eut deux à qui la fatigue que j'occaſionnai au point viſuel, donna grand mal au cœur ; les autres qui, avoient ſans doute les fibres plus fortes, n'éprouvèrent que très-peu de choſe ; je leur portai enſuite la main ſur la région de l'eſtomac dont je connoiſſois la ſenſibilité; un ſeul réſiſta à l'impulſion que les autres reſſentirent ; je ne parle pas de Moïſe, qui étoit le ſeptième de la compagnie ; il céda au charme comme il le devoit ; je finis par leur preſcrire un régime doux, des alimens ſalubres, beaucoup de diſſipation, d'exercices, & ſur-tout d'entretenir leurs eſprits dans la gaieté.

Quand ils furent ſortis, ils s'écrièrent avec enthouſiaſme que j'étois un homme unique, merveilleux, incomparable, &c. Moïſe ajouta plus tranquilement : *je ne mourrai donc pas ſans avoir connu juſqu'à quel degré les connoiſſances humaines peuvent s'étendre ! En vérité*, pourſuivit-il, d'un ton réfléchi, *on ne peut voir de tels hommes ſans s'énorgueillir de ſentir qu'on eſt de leur eſpèce ; mais nous devons au moins à celui-ci une foible marque de notre reconnoiſſance, nous allions l'oublier* : en diſant cela, il mit dix ducats dans une jolie bourſe, les ſix autres en ajoutèrent chacun autant, & je reçus comme un heureux pronoſtic cette première étrenne.

Dès ce moment ma réputation s'établit ſi bien, que j'étois occupé du matin au ſoir.

Ce qu'il y a de particulier, c'eſt que ceux

qui avoient recours à moi se rétablissoient je remarquai que les fièvres sur-tout ne manquoient point de disparoître, ce que j'attribuai à la révolution qu'éprouvoient les malades lorsque j'étois censé les magnétiser.

On parloit de mes cures avec enthousiasme; on poussoit la prévention jusqu'à m'attribuer la guérison des gens même que je n'avois jamais vus ; enfin, dès qu'un malade, tel qu'il soit, ne mouroit pas, c'étoit moi, disoit-on, qui l'avoit ressucité; quant à ceux qui mouroient, ou l'on n'en parloit pas, ou l'on trouvoit mille raisons pour rejetter sur eux-même la cause de leur malheur.

Il y avoit un an que je jouissois de la confiance & de l'admiration du Public, quand les yeux commencèrent à se dessiller; plusieurs formèrent des doutes désavantageux : Moïse tenta en vain de ramener tous les esprits à leurs premières erreurs; les Médecins qui se déclarèrent hautement contre moi, convinrent qu'il falloit, pour désabuser entièrement mes partisans, obtenir un ordre du Prince qui me forçât à rendre compte de ma doctrine, & des prétendus agens sur lesquels je la fondois ; Moïse qui fut instruit de ce projet, m'en informa, & nous résolûmes de prévenir cet orage en nous éloignant au plus vîte.

Nous prîmes la route de V.... Y étant arrivés, notre conduite fut la même qu'à.... Mais l'adresse de Moïse n'y eût pas le même succès; on vint à moi, mais sans empressement; plusieurs cependant se trouvoient guéris, & je ne sais par quelle fatalité leur guérison n'excitoit point l'enthousiasme; nous nous soutenions, & c'étoit tout; Moïse faisoit des efforts incroyables pour entraîner les esprits, mais nous avions à faire à des têtes dures, à des gens réfléchis, dont l'épais & froid bon sens n'étoit pas facile à enflammer.

Piqués de ne faire aucun éclat, lassés de végéter dans l'obscurité, nous allions, pour nous venger, abandonner ces indociles humains à toutes les bévues de la gothique Médecine qu'ils n'avoient pas honte de préférer à la mienne; nous nous étions, dis-je, résolus de les laisser à la Casse & au Séné pour toute nourriture, lorsque Moïse fit la connoissance d'un célèbre Physicien qui entra avec lui en dissertation sur ma méthode;

Moïſe lui dit qu'on ne pouvoit ſe refuſer á l'évidence, que les cures admirables que je faiſois chaque jour, le forçoit à convenir que j'avois fait la plus belle & la plus utile des découvertes. —Les cures dont vous parlez, dit le Phyſicien, ſont problématiques; quant à ſa prétendue découverte, voùs ne croyez vraiſemblablement pas qu'il en ait fait une. —Et à qui donc en pouvois-je attribuer la gloire? —Vous m'étonnez; ſeroit-il poſſible qu'étant auſſi inſtruit que vous paroiſſez l'être, vous ignorez les moyens qu'il emploie? —Mais je crois que lui ſeul les connoît, & qu'il eſt l'unique poſſeſſeur de ſon rare ſecret. — Et l'avez-vous vu cet homme que vous croyez ſi merveilleux? —Je l'ai vu, j'ai éprouvé ce que peut ſa profonde ſcience, & je l'ai admiré. — Moi je le connois auſſi; je l'ai ſuivi avec attention; je crois pouvoir le juger; c'eſt un homme adroit, qui s'embarraſſe fort peu de guérir; ſon ſeul but eſt de gagner de l'argent; pour réuſſir, il fait ſervir l'éle&tricité à ſes deſſeins; le moindre Phyſicien ſait tout le parti qu'on en peut tirer quand on voudra étonner tous ceux qui n'en connoiſſent point les effets ; ces effets généralement plus dangereux que ſalutaires , peuvent cependant être employés avec ſuccès dans de certains cas ; mais tous ceux qui , comme votre Monſieur *Spatantigarude* , en voudront faire une ſelle à tous chevaux , ne feront jamais que de vrais Charlatans. — Je n'ai point aſſez ſuivi la Phyſique pour ſavoir au juſte tout l'uſage que l'on peut faire de l'électricité , & vous m'obligerez de me faire connoître les effets dont vous parlez. — Volontiers ; venez demain à dix heures dans mon cabinet , & je ferai en votre préſence pluſieurs expériences qui vous convaincront que le plus grand mérite de votre héros c'eſt dans la fineſſe.

Moïſe me fit part la nuit ſuivante de cette converſation, & du deſſein où il étoit de faire tourner à notre profit ce qu'il eſpéroit apprendre chez le Phyſicien; vous produiſez , dit-il, des ſenſations chez ceux dont vous avez monté l'imagination vous avez en outre trouvé le ſecret de produire , en irritant leurs fibres , ces révolutions heureuſes qui accrédite votre doctrine ; mais ſi nous pouvons à ces moyens en ajouter d'autres , cela ne gâtera rien ;

pour cela j'ai réſolu de me lier avec mon Phyſicien, & nous pourrons tirer un grand avantage de ce qu'il m'enſeignera; il eſt perſuadé que vous employez l'électricité; c'eſt en blâmant l'abus que que vous en faites qu'il m'a fait naître l'idée d'en faire uſage; d'après cela ne ſera-t-il pas fort plaiſant de tenir de lui-même les moyens de la faire ſervir à nos projets. — Vous avez raiſon, nous devons profiter d'une circonſtance d'autant plus avantageuſe, qu'elle me laiſſera toujours maître de nier que l'Electricité entre pour quelque choſe dans ma méthode; ne tenant que de vous ce que le Phyſicien vous apprendra, notre ſecret reſtera impénétrable.

Moïſe fut exact au rendez-vous; le Phyſicien, bien éloigné de ſoupçonner qu'il alloit travailler pour moi, s'amuſa à faire devant lui pluſieurs expériences fort curieuſes, lui montrant avec complaiſance tous les phénomènes que produit l'Electricité; Moïſe ſentant combien il étoit important de ſe parfaitement inſtruire ſur une matière dont il ſe promettoit de tirer un grand parti, chercha à captiver l'amitié du Phyſicien; comme il étoit aimable, & que personne ne possédoit plus que lui l'art de persuader, il n'eût pas de peine à faire desirer sa société à un homme qui chérissoit le mérite & qui lui en croyoit beaucoup ; il lui donnoit de ces louanges délicates qui ont l'art de flatter l'amour-propre sans effaroucher la modestie.

Il déclara aussi avec l'air de la bonne foi qu'il avoit véritablement été abusé sur ma prétendue science, qu'il sentoit tout le ridicule de sa prévention, & remercia celui qui, disoit-il, lui avoit ouvert les yeux : cette franchise apparente acheva de lui gagner le Physicien, qui lui répondit d'un air triomphant : *je le savois bien, moi, que je vous convertirois.*

Depuis ce jour tous deux furent inséparables, & Moïse apprit de ce maître à faire tous ces petits prodiges qui, opérés par un habile Charlatan, font sur l'esprit de la multitude l'effèt que fit autrefois le canon sur l'esprit des Péruviens. Ce pauvre Peuple, qui regardoit comme des Dieux les hommes qui avoient le pouvoir de lancer ce tonnère destructeur, se prosternoit devant le foudre qui les frappoit, & révéroient les mains avides & barbares qui ſacrifioient leur vie pour s'emparer de leur or.

Pour ramener le Public, je joignis donc à ma méthode quelques-unes de ces expériences qui ne manquent jamais d'étonner le vulgaire; mes nouveaux tours échauffèrent quelques têtes qui s'empreſsèrent de prendre parti; cet heureux changement, que je voyois avec une extrême joie, n'empêcha pas que je n'éprouvaſſe pluſieurs ſcènes fort déſagréables; mais je m'en conſolois en conſidérant qu'elles ſervoient à augmenter l'enthouſiaſme de mes partiſans; j'avois l'air d'être perſécuté, & cela engageoit le grand nombre à ſe déclarer en ma faveur. Cependant le bruit que j'excitai commençoit à devenir ſi violent, qu'il attira l'attention des Magiſtrats, qui, pour mettre fin à toutes ces diſputes, me firent prier d'aller un peu plus loin faire admirer ma ſcience.

J'ai ſçu que des gens mal intentionnés avoient voulu donner à cette prière le nom d'ordre; ordre ou prière cela me ſeroit fort indifférent, mais je ſuis bien aiſe de faire voir que l'on trouve de la politeſſe chez les Peuples qui ſont ſouvent réputés le plus en manquer.

Rempli de confiance, nous nous rendîmes à B.... où Moïſe déploya ſon adreſſe d'un côté, pendant que de l'autre j'établiſſois ma doctrine ſur une foule de petits miracles faits pour étonner le Peuple, qui ne pouvoit ſe laſſer de répéter que j'avois quelque choſe de ſurnaturel; les gens d'un rang plus élevé doutoient des phénomènes que l'on publioit, mais Moïſe trouva moyen de leur faire inſinuer de s'en aſſurer eux-mêmes.

Je fus demandé chez pluſieurs où j'argumentai avec fermeté, & magnétiſai de même; cette manière de guérir parut fort extraordinaire, & l'on en parla au Souverain, qui demanda des détails; un Courtiſan qui vantoit ma ſcience lui rapporta, entr'autres prodiges, celui de la bague, qui, ſuſpendue dans un verre par un fil, ſonne l'heure dans les mains de ceux qui ſont magnétiſés. Ce Prince ordonna auſſi-tôt que l'on fit faire cet eſſai par un ſourd à qui l'on obſerveroit de ne faire aucuns ſignes.

On me fit venir en présence de plusieurs personnes & je magnétisai le sourd, dans les mains duquel la bague frappa le verre sans s'embarrasser de l'heure, & ne discontinua que lorsqu'il fut lassé de la tenir, tandis que tous les spectateurs, qui furent curieux d'en faire l'essai, trouvèrent quel étoit aussi exacte que l'horloge; on rendit compte au Roi de cet évènement comme d'un nouveau prodige.

Comment, dit ce Monarque philosophe, vous ne voyez pas que c'est le mouvement de votre sang qui fait prendre à la bague l'élan qui l'oblige à frapper le verre, prévenu qu'elle doit s'arrêter quand l'heure est sonnée; au dernier coup il se fait en vous une réticence involontaire qui en retrécit le balancement, & votre étonnement achève le miracle; mais il n'en est pas de même pour un sourd; n'entendant rien, la circulation de son sang reste toujours la même, & la bague va son train.

Voilà comme les prestiges de votre imagination fait les frais des merveilles, à l'aide desquels les Charlatans vous dupent; celui-ci auroit pu se passer de venir faire ces tours de gibecière dans mes Etats ; j'aime les ſoldats courageux, & ceux qui croient aux ſorciers, aux revenans & aux Charlatans le ſont rarement ; j'entends donc que, ſous trois jours, ce nouveau Docteur, qui dit être le réſervoir de la ſanté, aille chercher fortune ailleurs.

Ce Roi a fait trembler tant de braves gens dans ſa vie, que je puis avouer ſans rougir que la frayeur ne nous permit pas de profiter des trois jours qu'il daignoit nous accorder ; nous nous hâtâmes de ſortir d'un Royaume où la plaiſanterie n'eſt point du tout de mode.

Nous paſſâmes dans la S.... enſuite dans la S.... où nous trouvâmes également des dupes & des incrédules ; de l'argent d'un côté, des diſgraces de l'autre ; exaltés par ceux-ci, mépriſés par ceux-là, notre ſort n'étoit pas auſſi heureux que nous l'euſſions deſiré ; j'aurois voulu entraîner tous les eſprits, réunir tous les ſuffrages, mais malheureuſement nous trouvions toujours en notre chemin de ces gens qui, n'écoutant que leur raiſon, rejettent avec dédain tout ce qui ne s'accordent pas avec le ſyſtême de bon ſens qui les guident.

Moïſe mettoit tout en uſage pour les convertir ; de mon côté je faiſois ce qu'on peut appeller des tours de force ; nous parvenions quelquefois à en ébranler quelques-uns , mais nous reſtions en butte aux plus entêtés, & ceux-là dérangeoient nos projets; j'avois pourtant eu l'adreſſe d'établir *que tous les corps animés n'étoient pas également ſuſceptibles du Magnétiſme animal ; qu'il s'en rencontroit même qui avoient une propriété ſi oppoſée , que leur ſeule préſence en détruiſoit l'effet ſur les autres corps*. Cette prévoyante déclaration m'a ſouvent tiré d'affaire ; il eſt même certain que ſi je ne m'étois pas ménagé ce retranchement , le voile n'eût pas tardé à être déchiré.

Enfin , nous vivions dans cette continuelle alternative de blâme & de ſuccès , lorſqu'un génie , protecteur des grandes entrepriſes , inſpira à Moïſe de diriger nos pas vers une Capitale fameuſe dans laquelle il avoit autrefois ſéjourné ; je connois, dit-il, l'eſprit des habitants de cette grande Cité ; nous y trouverons

trouverons des ressources qu'il seroit impossible de rencontrer ailleurs ; c'est un pays charmant ; les femmes y sont légères, brillantes, se piquent de constitutions délicates ; voilà comme il nous les faut ; ce sont elles d'ailleurs qui établissent ou détruisent les réputations : il n'est point de bizarreries qu'elles ne parviennent à mettre à la mode, & la mode est un mot qui répond à tout ; leurs décisions sont des loix que la crainte de leur déplaire ne permet pas d'enfreindre ; la galanterie déifie jusqu'à leur caprice, & la raison est un foible sacrifice qu'on s'empresse toujours de faire à leurs charmes.

Courons, cher *Spatantigarude*, vers cette Ville célèbre ; l'enthousiasme y paroît un besoin de la vie, & j'ai un secret pressentiment que la gloire & la fortune nous y attendent ; affermis, aguerris par l'expérience, nous sommes en état de faire face à tout ; vous annoncerez votre doctrine avec fermeté ; vous la soutiendrez avec arrogance ; quelques choses qui arrivent, soyons aussi inébranlables que le roc, & s'il survient des vagues, nous les verrons se briser par l'effet même de leurs vigoureux , mais impuiſſans efforts ; ne craignez point l'œil pénétrant des ſçavants dont cette Ville abonde ; ils ne pourront pas réclamer contre le danger d'un remède qui n'exiſte pas, & s'ils oſent parler de ſon impuiſſance , nous ne manquerons pas de moyens pour prouver le contraire.

Pendant long - tems , répondis-je , mon ambition n'a eu pour but que la fortune ; je voyois en elle le ſuprême bonheur, mais je ſens que mon ame agrandie la mépriſeroit ſans la gloire ; mes deſirs ne peuvent plus ſe borner qu'en réuniſſant l'un & l'autre ; m'élever au-deſſus des hommes ordinaires, eſt un beſoin qui me dévore , & pour y parvenir je franchirai d'un pas ferme la diſtance immenſe que l'injuſtice du ſort a mis entre moi & le premier rang; c'eſt dans vos leçons , généreux Moïſe , que j'ai puiſé la fermeté dont je vous jure de faire un uſage qui ſurpaſſera votre eſpérance.

Embraſſez - moi , dit Moïſe, vous êtes enfin *l'homme ſelon mon cœur* ; pour parvenir à fixer ſur vous les yeux de l'Europe entière, il ne faut que de la patience, du courage &

de l'audace; puifque vous en êtes pourvu, la victoire eft affurée; entraînez, féduifez, endormez, que rien ne vous retienne; les Grands de la terre font des hommes; les favants font des hommes, & tous les hommes font foibles; tous font incertains dans leur marche; je connois ceux chez lefquels nous allons vivre; vous les étonnerez en enveloppant votre doctrine du voile impénétrable du myftère, en ne cédant à aucunes autorités, ou du moins en mettant votre fecret à un fi haut prix qu'il foit impoffible d'accepter vos conditions; faites la loi fi vous ne voulez pas la recevoir; fongez qu'en vous déclarant le bienfaiteur de l'humanité, c'eft vous mettre au-deffus de l'humanité, & vous n'avez plus d'égaux.

Et je n'en reconnoîtrai point: périffe *Spatantigarude* plutôt que de foufcrire à une comparaifon qui blefferoit fa fierté; je veux m'ériger en *Légiflateur*, & je parviendrai peut-être à annoblir ma fortune en la formant, non d'un falaire honteux, mais de l'or accumulé que me produira un *impôt* honorable; & pour affermir la crédulité, fi le plus grand Souverain du monde m'offroit des récompenſes ; je les dédaignerois ſi elles n'étoient point dignes de ſa munificence, & conſéquemment dignes de moi ; voilà juſqu'où s'étendent mes hardis projets.

Nouveau Mahomet, répondit Moïſe ; attend tout du zèle & des ſoins de ton fidèle Omar ; & comme ton premier ſujet, ſouffre qu'il te rende le premier ſon hommage : *à ces mots, il me ſalua gravement à la manière des Turcs ;* je ne pus m'empêcher de rire d'une plaiſanterie qu'il prétendoit n'en être point une, & que mon orgueil ſe ſentoit déjà tentée de prendre ſérieuſement.

Je ne mérite point encore, cet honneur, lui dis-je ; mais je ſaurai m'en rendre digne ; le grand homme dont vous parlez ſubjugua un peuple entier : & de quel droit ?

Du droit qu'un eſprit vaſte & ferme en ſes deſſeins,
A ſur l'eſprit groſſier des vulgaires humains.

VOLTAIRE.

Ce droit eſt le mien, & je le prouverai. —Vous le devez, dit Moïſe ; c'eſt en bravant tout que l'on vient à bout de tout.

N'oublions pas cependant que les plus grandes entreprises doivent souvent leur succès aux plus petits moyens ; il n'en faudra négliger aucuns. Mais ce sera moi seul qui me chargerai du soin de faire mouvoir tous les ressorts qui nous seront nécessaires; pour de l'argent on trouve de tout où nous allons; aussi je prétends vous y faire faire des prodiges qui étourdiront les plus incrédules ; j'arrangerai les choses de manière que vous ne serez jamais compromis ; ceux même sur lesquels vous opérerez des miracles , ne vous soupçonneront point dans la confidence du rôle que je leur ferai jouer ; je veux qu'ils vous croient la première dupe de leurs grimaces; enfin reposez-vous entièrement sur mon activité & sur mon adresse, & ne vous occupez que du soin de soutenir la dignité du caractère que vous allez prendre.

Ah ! croyez que je la soutiendrai au péril de ma vie; je veux que mon nom retentisse dans l'univers entier : pour cet effet je dirai à l'Europe étonnée : *je suis votre libérateur , & je viens , guidé par mon génie , éteindre d'une main assurée les torches funèbres qui prêtent leurs clartés ténébreuſes à la Médecine pour leur ſubſtituer l'éclatant flambeau de la vérité.*

FIN.

Les incroyables prodiges qui peuvent ſervir de ſuite à ce Conte, ſe voient dans un tableau magique ; la ſouſcription eſt de ſix louis par mois, & cent une fois payé pour ceux qui ſont curieux d'eſſayer la baguette du Magicien.

www.ingramcontent.com/pod-product-compliance
Ingram Content Group UK Ltd.
Pitfield, Milton Keynes, MK11 3LW, UK
UKHW020345180726
13839UKWH00002B/935